있는 그대로 멋진 _____ .

poeticstar_02

풀어보세요,
마음입니다

이은별 에세이

소라카

프롤로그

무수한 차원만큼 우리가 마주하는 헤아릴 수 없이 많은 마음들. 어쩌지 못하는 마음, 불완전한 마음, 감출 수 없는 마음, 무조건적 마음. 이 감정들은 모두 환경에 예민하고 가변적이어서 형태를 확정할 수 없다. 같은 상황에도 마주하는 사람마다 만나는 감정이 다르다.

왜 우리는 마음에 웃고 울어야 할까. 살아가면서 필시 사유하는 상념들은 모두가 온전히 누릴 수 있는 특권이다. 외형만큼 마음의 건강도 잘 돌볼 수 있기를. 끊임없이 사유하기를. 글이 아니고서는 전할 수 없는 감각들이 서로에게 맞닿을 수 있기를.

풀어보세요, 마음입니다.

2023년 7월
이은별

part 1.

오롯이 나일 수 있을까	11
무언의 법칙	12
사랑의 발견	13
따뜻한 마음의 정의	14
사계절	16
홀로	18
우린 함께입니다	20
너에 대한 책임	21
오랜 사람	22
롤러코스터	25
지나간 것들에 대한 작별 인사	26
칭찬의 능력	30
좋은 기운	31
달빛	32
마음 지키기	34
감춰진 마음	35
자아 고찰	36
조급한 마음	38
대화 조력자	40
예쁜 이름	41
좋아하는 것	42
텍스트	44
어떤 마음	46
웃음	48
불완전한 마음들	49
보통의 미래	50
시절	52
조각들	54
관계 승자	55

part 2.

말 아끼기	59
지는 것	60
나태한 삶	62
어려운 마음	64
友	65
어쩌지 못하는 마음	67
홀로 걷기	68
Mission complete, next stage	70
개인의 지표	72
잘 싸우기	73
어떤 날	76
두 사람	78
가로등	80
자기 제어	81
반달	82

서운한 감정에 대처하는 자세	84
진중함	86
당신과 함께	87
골목길	90
내가 만드는 공간	91
시행착오	92
사람의 이해	93
쉼의 공간	96
여행 기록	100
Sad ending	102
기억과 관심	104
예측 불가	106
옛 추억	108
원래 그런 사람	109

part 3.

온몸에 힘 빼기	113	Happy ending	138
조건 없는 마음	114	타이머	140
물과 마음	116	지금	143
사랑	117	나를 지키는 힘	144
됨됨이	120	아빠의 선물	146
마음 청소	121	3월의 어느 아픈 날	148
불행 제거	122	삶	151
Reaction	124	일단 시작	152
나와의 조우	126	사람의 잔상	154
성취	128	순도 100% 눈물	157
지난 일이 고민될 땐	130	여운이 남는 사람	158
가성비 언어	131	말이 안 되는 일	160
비의 흔적	132	나를 아끼는 마음	161
주변 정리	134	아기에게	163
나를 완성하는 당신	136		

part 1.

오롯이 나일 수 있을까

나라는 사람. 그 자체가 되길 바랐다. 옆을 스쳐 앞질러 간 이를 보고도 평정심을 유지할 수 있기를. 급한 발걸음에 신발이 벗어지지 않기를. 하늘을 나는 새를 보면서 마음이 조급해지지 않듯, 모든 이를 저마다의 독립된 개체로 인정할 수 있기를.

영역 밖의 시선을 지나치게 의식하지 않고, 정해진 규격에 나를 욱여넣지도 않으며, 다만 나의 본질에 충실할 수 있기를. 자기 존재를 온전히 신뢰할 수 있어야만 새하얀 도화지에도 본연의 색으로 선명히 칠할 수 있다. 온통 자신의 색으로 물든, 스스로 소유하는 삶을 살아낼 수 있을까. 그런 완전한 내가 될 수 있을까.

무언의 법칙

우리는 수시로 거짓을 말한다. 거짓은 존재 자체가 나쁜 것처럼 보여도, 사실 음성이 자동으로 진실의 언어로 변환되어 발음된다고 가정하면 그것이야말로 끔찍한 일이 아닐까, 생각했다. 성가셨던 관계가 정리되고, 속앓이했던 일은 해결되고, 오해할 상황도, 착각할 일도 드물게 되어 간편하고 깔끔하긴 하겠다. 모든 모양이 입체적인 상태로 훤히 보이겠지만, 세상은 까발려진 그 모양처럼 단순하지만은 않아서 자연스레 맞물리지 못한다. 말하고 싶어도 감추어야 하는 것이 있고, 감추고 싶어도 말해야만 하는 게 있다. 우리는 명확하게 정의되어 있지 않은 그 무언의 법칙을 알고 있고, 약속을 적당히 지켜가며 살고 있다. 때로는 어긋나기도 하지만 말이다. 나는 오늘도 무수한 사람을 거치면서 몇 번의 거짓말을 했을까. 해주었을까. 해야만 했을까.

사랑의 발견

조작되지 않은 날것 그대로의 나를 마주할 때. 어떤 것도 감추지 않고도 마음을 주고받을 때. 서로를 온전히 소유할 수 없다는 걸 알면서도 서운한 마음 없이 인정할 수 있을 때.

깊은 내면 구석에도 불안이나 두려움의 존재가 없다. 옅게 패었던 자국은 금방 메울 수 있으니까. 서로의 영혼이 깃든 단단한 신뢰가 곳곳에 자리한다.

나와 다른 한 사람을 그 자체로서 온전히 받아들일 때. 비로소 이것이 진짜 마음이라는 걸 깨닫게 된다. 당신 옆이었다.

따뜻한 마음의 정의

멀지도 너무 밀착하지도 않은 거리. 가까이 있지만 허락받지 않은 영역에는 넘어가지 않는 것.

살이 델 것 같은 온도보다 심장이 놀라지 않을 온도. 적당히 식어야 더 풍부한 맛을 내는 아메리카노처럼. 하루의 피로를 풀어주는 욕조 물처럼. 뜨거운 밥을 후후 불어 아이에게 먹이는 엄마처럼.

보살펴주는 마음. 편안하기를 바라는 마음.

❀

아무 조건 없이 모든 사람에게 따뜻할 수 있는 사람을 보면서 부럽다고 생각했다. 난 왜 공평한 마음을 내어주지 못할까. 나를 감싸주는 불빛 속에서 시계 초침 소리가 유난히 크게 들려왔다.

서로를 꼭 안아주는 밤

사계절

한 계절이 지나가고 오는 계절을 맞이할 때, 길목에 서서 온몸으로 변화를 느끼려고 했다. 보내주고 맞아주는 일이 제법 숙달되었다. 꽃들이 말을 걸어올 때 깜빡이는 눈 아래로 봄볕에 데워진 눈물이 고이곤 했고, 초여름 이팝나무의 싱그러움을 적시는 빗소리에 이 작은 마음도 한껏 취했으며, 연락 없이 불쑥 찾아온 가을바람이 마음을 스치고 지나갈 땐 눈을 꼭 감아버렸고, 시린 공기가 온통 에워싸 온기를 감추는 날들은, 아쉬움과 설렘이 공존하는 시간처럼 추위와 따스함을 동시에 느끼곤 했다. 때가 되면 잊지 않고 늘 찾아와주는 계절의 꾸준한 친절에 감동하고, 각 계절의 속도에 맞춰 곁에서 불평 없이, 변함없이 어우러지는 자연의 배려에 감사했다.

모든 계절을, 모든 감정을 사랑했다. 그곳은 시기와 질투도, 분노와 증오도, 미운 마음도 못난 마음도 없다. 오로지 자연스러움만이 존재하고 있다.

홀로

얻지 못한 마음 앞에 주눅 든 마음이 새어나 가서는 안 됐다. 당신을 위한 불필요한 계산을 하면서도 사실은 가여운 것을 보호하고 싶었던 것일지도 모르겠다. 그럼에도 놓지 못하는 변덕이 반복된다. 홀로 떠는 유난을 꾸역꾸역 욱여넣는다.

❀

눈에 담는 것을 좋아한다.
꽃을, 은은한 달빛을, 당신을.

비이성적인 믿음을 놓지 못하고.
이 계절에도 여전히.

아직도 먼 곳. 아직 아득히 먼 곳.
네 마음이 있는 곳.
그러니까 닿기에 너무 힘든.

"사랑은 눈먼 것이 아니다.
더 적게 보는 게 아니라 더 많이 본다.
다만 더 많이 보이기 때문에,
더 적게 보려고 하는 것이다."

- Rabbi Julius Gordon

우린 함께입니다

글에는 마음이 있다. 눌러 쓴 글자에 내면이 묻어난다. 책장에 꽂혀 있는 책들과 문체는 그 사람의 취향을 드러낸다. 대화가 잘 통하는 사람과의 만남이다. 자음과 모음이 모인 단어, 단어와 단어가 모인 문장을 통해서 감성과 감정을 함께 나눌 수 있다는 것. 위로를 주고받는다는 것. 그러니까 우리는 현재 함께하고 있다는 겁니다.

너에 대한 책임

인생은 작은 용기의 순간들이 모여 흘러간다. 선택은 책임이 따른다. 두려움은 책임감을 받쳐주는 감정 중 하나다. 최근 나의 두려움은 너에 대한 책임을 다할 자격이 되었는가, 하는 것. 너의 인생은 나의 것이 아니기에, 내가 아닌 너를 위한 선택이어야 한다. 그리고 내가 대신한 그 선택을 책임져야 한다.

후에 이 글을 읽게 된다면, 나는 알려주고 싶다. 엄마가 많은 고민을 했고, 자기 삶의 시작을 매우 신중히 여겼다는 것을. 자신이 이토록 소중하고 귀한 존재라는 사실을. 엄마의 삶 전체를 이끌고 있을 정도로.

그저 너를 사랑할 책임을 다하기로 했다.

오랜 사람

사람에게는 싫증 내는 법이 없다. 한 사람을 진득이 보면서 판단해야 했고, 그러기 위해 속속들이 알아가는데 충분한 시간이 필요했기에 지겨울 틈이 없었다.

편안함에 대한 갈망일지도 모른다. 본능적으로 가장 나다울 수 있는 자리를 찾는 행위인 것이다. 시간의 터널을 함께 지나오면서 모든 정보가 축적돼 있다. 설명할 필요 없이 모든 것을 알고 있다. 자신에 대해 가장 해박한 지식을 가진 사람임을 부정할 수 없다.

❀

그럼에도 불구하고, 낯선 자극에 현혹되어 익숙함을 묻어버리기도 한다. 무감각해진 물체를 구석으로 밀어 놓고, 번거로운 학습을 구태여 새로이 시작한다. 흘러간 것은 세월이 아니라 사람이라고 믿으며, 모든 것을 망각한 채로 설렘을 갈망하고 그것을 사랑이라고 불렀다. 그리고 반복했다.

"인간의 감정은
누군가를 만날 때와 헤어질 때
가장 순수하며 가장 빛난다."

- Jean Paul Richter

롤러코스터

땅에 붙어있을 때도, 하늘과 맞닿을 때도, 내려다보던 곳으로 추락하는 순간도 있다. 영원하지 않은 우리의 현재와 같다. 시기에 맞춰 그 위치에 잠시 있는 것일 뿐, 모든 인생은 정상도, 밑바닥의 순간도 있다. 누군가와의 위치를 견주며 소란하지 않아도 된다. 현 상태에 너무 취하지 말아야 한다.

❀

어릴 때는 넘어지면 울었다. 흐르는 피를 멈추게 하는 법을 몰랐다. 겨우 앉은 피딱지를 기어이 떼어내 버릴지도 모른다. 살아가면서 알게 된다. 혼자 일어나는 법을, 흉이 안 지게 하는 법을, 누구나 넘어진다는 사실을.

지나간 것들에 대한 작별 인사

1.
받은 마음을 권리로 생각했던 적이 있었다. 편해진 일상이 마음도 쉽게 만들었다. 당연했던 터라 아껴야 할 필요성에 대해 무지했다. 삭막한 상황에도 간편한 침묵으로 일관했다. 헤아리면서도 외면했던 것은, 실은 헤아리지 못했던 것이었다. 지금 이 문단의 모든 문장이 과거형으로 쓰였음을 인지한다. 선택적으로 따뜻한 사람이지 못했던 나는, 이제는 모든 마음을 올바른 방법으로 정성스럽게 받는다. 감정을 잊는 일이 없도록 노력한다.

2.
과거를 망각한다. 아니, 과거의 감정을 망각한다. 감정은 민들레 홀씨처럼 시간이 지나면 날아가고 형체만 남는다. 지금에 와서 과거 시점의 덜 자란 감정을 기억해보면 형체만 남아있다. 그런데 막상 또 그때와 같은 순간이 닿으면 여전히 마음을 졸일 것이다. 시간에 속아 조금 무뎌질지라도, 또다시 일정 시간의 흐름에 의해 무뎌진 것조차 망각하여 재생된다. 본디 자신이 가진 내면의 약점, 이를테면 감성 같은 것이 말이다.

❀

차분하면 보이는 것들이 들이닥칠 당시에는 거대한 몸집에 가려진다. 늘 속수무책이다. 그저 때마다 충실할 뿐이다. 다행인 것은, 쌓은 경험으로 대처법에 조금 노련해질 수 있다. 새기고 싶지 않은 멍울을 거부하는 방법도 살면서 익혀간다.

3.
지나간 것들에게, 지나간 이들에게, 지나간 나에게, 지나간 추억에게, 지나간 마음에게.

그들은 모두 죽는다. 윤곽만 어렴풋이 남는

것들. 그저 하나의 에피소드가 될 뿐이다.
지금의 어떤 것들도 미래에는 그럴 것이다.

기억이 추억이 되면
감정은 어두워지고 자체로 아름답다

칭찬의 능력

칭찬에 무감한 사람은 없다. 덤덤한 그는 감정을 잘 감추는 기술을 가지고 있을 뿐이다. 세상을 혼자 살아간다면, 누구라도 지금의 모습보다 훨씬 못할 것이다. 부드러운 언어는 모든 것을 단단하게 응착시켜 나아갈 힘으로 변환시킨다. 한 사람을 변화시키기에 충분하다.
믿어주고 지지해주는 힘. 사랑하는 마음을 표현하는 데는 걱정보다는 믿음의 언어가 훨씬 효과적이다.

※

동화는 근원적인 이치를 담고 있다. 강렬한 태양과 강력한 바람 중, 나그네의 겉옷을 누가 먼저 벗게 할 수 있을까. 스스로 움직이게 하는 힘은 생각보다 단순하다.

좋은 기운

마음이 밝고 건강한 사람은 주위를 긍정적으로 변화시킨다. 성취하는 사람은 곁에 있는 사람들의 의욕을 자극하여 그들의 성장을 고취한다. 이들은 더 좋은 삶을 살게 한다. 사람을 굳이 끌어다 옆에 두려 하지 않아도 되는 이유이다. 내 삶을 잘 살면 저절로 옆에 있다.

오랜 시간 꾸준한, 큰 변화도 분명 있다. 가장 큰 예로, 배우자에 따라 훗날의 표정, 이미지, 얼굴의 주름, 생각, 가치관, 위치까지 달라진다. 자녀의 성격이나 습관도 그렇게 만들어진다.

가까운 사람에 신중해야 하며, 나 또한 좋은 기운을 가질 책임이 상당한 것이다.

달빛

어떤 밤은 달이 비현실적으로 청명했다. 꽤 가까이 있다. 흐르는 눈물에 눈, 코, 입이 지워진 걸까.
만인의 표정을 살피는 그와 달리 나는 올려다본 하나의 얼굴을 바탕으로 이목구비를 낙서해볼 뿐이었다.
달은 자신의 녹아내린 얼굴을 이해할 수 있다며 목소리 없는 말을 전했다.

❀

밤하늘을 찍으면 가로등 불빛에 은은한 달빛이 묻힐 때가 있다. 속상한 밤이다.

태양을 위해 자리를 비켜주는 달

마음 지키기

누가 우월하거나 열등하지 않다. 차분한 사람이 누군가에게는 따분한 사람일 수 있고, 분위기를 잘 이끌어 인기가 많은 사람도 조용한 성향의 사람에게는 그저 자신과 맞지 않는 부담스럽고 불편한 사람일 수 있다. 상대의 환경 설정 내용을 잘 파악하는 사람은 센스있는 사람이라는 평을 받는다.

예민함은 부정적으로 묘사되는 경우가 많다. 내가 본 그들은 까다로운 만큼 여러 감각이 뛰어나다. 거름망이 촘촘하기에 배려가 많다. 아는 만큼 보이듯, 자신의 배려가 많아서 타인에게도 엄격한 것이다. 다른 성향만큼 느끼는 감정도 다르고, 주고받는 신호도, 힘도 상대적이다. 다름을 인정하고 모두에게 괜찮은 사람일 수 없는 일을 받아들이기. 서로의 가치를 알아채고 진가를 파악하는 사람들과 마음을 주고받을 것. 수없이 공존하는 마음 중 내 마음을 지키는 일이다.

감춰진 마음

그들도 당연히 나를 좋아할 거였다. 일방적 마음은 혼자 사는 신뢰의 집을 지었다.

혹시 모를 미안한 마음이 들었다. 부정적 감정은 대체로 솔직하기 어려우니까. 집 한쪽 벽면이 허물어졌다.

그들의 진심까지는 고려해본 적이 없다. 애초에 저마다의 숨은 기준도 모른다.

몇 년간 연락이 끊긴 지인에게 전화가 왔다. 반갑지 않았지만 반갑게 받았다.

자아 고찰

어릴 때 학교에서 장래 희망을 써냈지만 어떤 사람이 멋있는지 쓴 것일 뿐, 재능과 적성을 고려한 것은 아니다. 성인이 되어서도 여전히 어렵다. 자기 인식을 잘한다는 건 의외로 모두가 해내는 일은 아니다. 인식의 기회는 자기 인생을 주도적으로 살아가는 사람들에게 더 높은 확률로 주어진다. 재능과 열정이 확고했던 것이 한순간 착각이었음을 깨닫기도 한다. 중요한 건 지치지 않고 방황하는 시간을 가진다는 것이다. 그 자체로 자기를 믿고 사랑하는 사람인 것이다.

스스로 발견되는 경우가 정확하고 바람직하다. 무려 내가 행복할 수 있는 길이라면. 30대에도, 40대에도, 그 어떤 나이에도 자신을 위한 방황은 꾸준히 해야 한다. 그 나이에도 자신을 꾸준히 고찰하는 일은 부끄러운 게 아니라 자랑스러울 일이다.

공부를 잘하는 친구는 그림을 잘 그리는 재능처럼 공부라는 영역에 재능이 있는 것이다. 남들이 그토록 원하는 직업이 누군가에게는 전혀 선호하지 않는 직업일 수 있다. 자기에게서의 최고를 찾으려면 자신을 탐구해야 한다.

조급한 마음

초행길 안개가 걷히지 않을까 눈을 비빌 때. 열심히 뛰고 있는데 옆에 아무도 없을 때. 그런데 체력이 점점 바닥날 때. 오히려 자기 상태를 보지 못하고 정해진 결과물을 재촉하게 된다. 바빠진 마음은 앞만 보고 달려서 많은 것들을 놓치게 한다.

고개를 돌리면 꼬리를 흔드는 강아지도 있고, 바람에 살랑거리는 풀들도 얼굴을 내밀고 있다. 살펴보아야 한다. 마음이 그들과의 대화를 원하고 있지 않은지, 몸이 하고 싶은 말은 없는지, 내 안의 꽃들은 얼마나 피었는지.

피어나는 꽃잎을 보면서
떨어지는 꽃잎도 함께 볼 수 있기를

대화 조력자

대화를 하면 유독 편한 사람이 있다. 자세히 들여다보지 않으면 드러나지 않는 은근한 매력이 있다. 그들의 견인력은 상대의 미동에도 반응하는 섬세하고 따뜻한 감각에서 온다. 상대의 불편에 관심이 있다. 또 심적 여유가 있어서일까, 자기 소리에 욕심이 없다. 대화를 주도하여 이끌지는 않으면서도 흐름이 끊기거나 분위기가 어색하지 않게 막힘없이 이어간다. 포근한 담요 위로 내 안의 불투명한 것들을 꺼내어 놓으면, 까발려진 그것들이 창피하거나 두렵지 않게끔 호들갑 떨지 않는다. 그렇게 안정감을 내어주는 사람들. 오래 볼수록 온기 스민 향이 편안하다. 좋은 사람 곁에는 좋은 사람이 있다고 했었지. 그들이 오래도록 머물러 주기를. 내가 그런 사람이 되기를.

예쁜 이름

사랑, 아기, 나무, 꽃, 하늘처럼 예쁜 이름도 있는데 보기만 해도 미운 이름도 있다. 아집, 억지, 범죄, 흉물……
내 이름이 빛나는 이름으로 불리고 좋은 뜻으로 남게 하는 건, 전적으로 내가 해야 할 일이다.

좋아하는 것

1.
두 눈으로 찍고 마음속에 보관한다. 장면과 장면 사이를 비집어 꼭꼭 채워 넣는다. 지칠 줄 모르고 가진 물감 색을 자랑하는 하늘을, 그 아래 질리지 않을 표정을. 눈을 감으면 더 가까운 표현을.

2.
추운 날 아늑한 공간에서 책을 읽는다. 보호받는 공간이, 재촉받지 않는 시간이 있다. 마음이 꾹꾹 눌러 담긴 문장들은 가장 가까운 사람조차 알지 못하는 깊은 내면 이야기들이다. 채 식지 않은 온기를 마음으로 꼭 쥔다. 비밀스러운 쪽지를 주고받는다.

3.
무례하지 않은 작은 마음들과 만날 약속을 잡는다. 사소한 움직임도 흘려보내지 않는다. 추운 날 식지 않은 핫팩 같고, 한여름날

적당히 오른 취기 같다.

4.
아직 보내지 못한 오랜 것들을 좋아한다. 오래된 거리, 오래된 노래, 오래된 영화, 오래된 친구는 늘 그곳에 함께 있다.

텍스트

얼굴 너머의 표정들처럼 음성으로는 전해지지 못하는 마음들. 흰 종이 위 그려진 글자들은 진한 진심을 껴안고 있다. 쌓인 텍스트는 사유의 흔적과 자취를 품어 시절을 엮을 수 있다. 머릿속 그려지는 그림을 감각한다.

힘주지 않은 글로도 힘을 얻었다고 이야기할 때, 이 작은 글자들로도 큰마음을 위로할 수 있다는 걸 알았을 때. 종이 위에 함께 서 있다는 것에 감사했다. 글이 아니고서는 전할 수 없는 감각들이 서로에게 맞닿을 수 있기를.

어떤 텍스트는 영원히 비밀을 지켜낸다.

빛으로 얼룩진 문장을 가만히 만져본다
낭만을 간직하기 위해, 오래도록

어떤 마음

파도는 자기 일을 할 뿐이다. 가버린 물결을 어찌 되돌릴 수 있을까. 다른 방향의 물길을 가두더라도 어떤 물길은 여전히 흘러간다. 모두 안을 순 없다. 내가 선택한 내 것을 최선을 다해 지킬 뿐이다.

❁

미워할 수 없는 선택이 있다. 언제나 어떤 상황에서도 마음을 다했던 것. 때로는 퇴사한 회사에 쏟은 에너지가 아깝기도 했고, 일순간 전소된 사랑이나 우정의 감정에 부지런했던 과거를 우스워하기도 했다. 그렇게 무의미해 보이는 행위들은 외려 후회의 싹을 막아주는 안정과 간직할만한 기억을 주었다. 그리고 삶 곳곳에서 나를 스스로 지킬 수 있게 했다.

"성공은 영원하지 않고,
실패는 치명적이지 않다."

- Mike Ditka

웃음

차를 타고 가다가 창밖으로 학생들이 팔짱을 끼고 다니는 모습을 보았다. 예전 우리들만큼 행복한지는 모르겠지만 그만큼 즐거워 보이긴 했다. 저럴 때가 있었지. 외모보다 먼저 늙는 건 감정이라고 했던가. 요즘은 종일 안 웃는 날도 있다. 하루 내내 진지한 순간인 탓인지 내성이 생긴 듯 무뎌진 마음 탓인지. 말 그대로 웃을 일이 없다. 저녁밥을 먹으면서나, 주말 낮에 친구들을 만나면서는 무거운 것들은 버리고 시답잖은 농담만 하고 싶다. 입가 근육조차 움직이기 귀찮은 날을 제외하곤 밝게 보내려고 노력한다. 얼굴에 팩을 올리듯 마음에도 영양 가득한 팩을 해주어야 한다. 행위는 그 자체로서 힘이 있다. 웃음도 인생과 유기적으로 연결되어 있다.

불완전한 마음들

타인의 반짝임을 인정하는 것에 유난히 각박한 사람들이 있다. 그가 발하는 아름다움에 비해 자신이 뿜어내는 빛을 확신하지 못해서 마음속 낮게 떠오르는 찬사들을 부정하고 시기와 미움의 마음으로 변환시킨다. 열등감과 시샘의 감정이 뒤섞인 덜 자란 마음이 시신경을 흩트린다. 닿을 수 있는 거리의 사람이 부정의 대상으로 쉽게 노출된다. 마음을 수치로 계산하는 것이 습관인 사람들도 그렇다. 자신만의 기준으로 셈을 하느라 머릿속이 시끄럽다. 자신 있게 누군가를 인정하는 음성을 내뱉는 데는, 한 마디의 문장일지라도 여러 승인 단계를 거치느라 시간이 걸린다. 당사자가 없는 자리에서는 생각 자체가 반려될 수도 있다. 반대로 험담은 쉽게 흥미로워한다. 불완전한 마음들이다.

보통의 미래

불안의 이유 중 하나는 우리는 '오래 살 예정인 것'이다. 모순적이다. 보통의 미래를 위한 일을 만들어가야 한다. 후에 연결할 대략적인 점을 찍어놓아야 한다. 원하는 놀이기구를 마음껏 골라 타기 위해 언제부턴가 자유이용권을 획득할 궁리를 품고 살고 있다. 고민할 수밖에 없는 팍팍한 현실에서도 얻을 수 있는 건, 원래 알던 나보다 더 큰 나의 발견이다. 보통의 미래는 소망이자 동력이다.

"단순히 내가 잃어버릴까 봐
두려워했기 때문에
잃어버린 것들이 얼마나 많은가."

- *Paulo Coelho*

시절

지금의 내가 시절을 찾아가면 그때였기에 찬란했음을 알게 된다. 벚꽃은 봄을 기억하고 이팝나무는 초여름을 기억한다. 부쩍 찬 공기 냄새는 가을의 아침을, 언 손을 깨우는 입김은 겨울을 기억한다.

나는 시절의 추억으로 철 지난 아름다움을 간직한다. 아무것도 아닌 일에 진한 감정을 느끼던 때다.

오늘은 글을 적어야지. 소박한 마음을 선물해야지.

여름은 늘 같은 자리에 있다
여름 낮은 빛바랜 추억 같다

조각들

기억의 파편들이 여기저기 흩어져 있다. 무채색의 조각과 채도 높은 색의 조각들은 전혀 어울릴 만한 조합이 아니었지만, 각자의 자리를 찾아 들어가자 비로소 존재 이유가 명확히 이해되고 하나의 완전한 그림이 되었다. 불투명하게 반사되는 찬장 유리 속에 완전한 실루엣이 새겨졌다.

❀

모든 사람은 자신의 고유한 색을 가지고 있고, 존재하는 이유가 분명하다.

관계 승자

언제나 관계에서의 승자는 어떠한 형태로 도움을 주는 쪽이다. 어려움을 해소하고 결핍을 채워주는 사람. 존재가 깊이 파고들수록 잃어버리는 마음이 있다. 쉬웠던 사람이 어려운 사람이 될 때. 멀리서 바라볼 수밖에 없을 때. 놓쳐버린 그 마음을 찾게 된다. 타격을 입는 건 늘 필요로 하는 사람이다.

part 2.

말 아끼기

사람과 사람 사이에는 잠시의 대화로도 쉽게 바이러스가 침투한다. 옮긴 사람도, 옮은 사람도 마음에 묵직한 게 걸려 답답함을 느낀다. 방어하느라 열을 낸다. 반복되면 내성이 생기기도, 무감각해지기도 한다.

꽤 많은 상황에서 차라리 음성을 가두는 게 낫다. 일방적으로 정하거나 정의된 사이에, 감정적인 상황에, 상대의 망이 나의 것보다 촘촘한 경우에도 그렇다. 잘 걸러진 언어는 소화하기 쉬워 나를 유연한 사람으로 만든다. 말은 생겨남과 동시에 힘을 부여받기에, 끌어가지 못할 마음들은 애초에 존재하지 않도록 하는 것이 최선이다.

지는 것

우리는 어릴 때부터 줄 세워졌다. 또래 친구들과 누가 키가 큰지 견주고, 학교에서도 의도하지 않아도 일등부터 꼴등까지 순위가 매겨졌다. 일상생활에서도 모든 대상에 등급이 나누어져 있는 것은 익숙한 일이다. 높을수록 우수한 것으로 주입된 뇌의 판단하에 승부욕은 중독성이 꽤 강했다.

애써보아도 질 때가 더 많다. 근데 막상 넘어져 보면 몰랐던 것들이 보인다. 열악한 환경에서도 굳건히 버티고 있는 잡초도, 쉬지 않고 움직이는 개미도 보인다. 올려다본 맑은 하늘에 새삼 감사하기도 하다. 앞서간 친구가 돌아와 내민 손의 온기도 알게 되었고, 미처 따라오지 못해 힘들었을 친구의 그간 마음도, 흉이 안 지게 상처를 보살피는 법도 알게 되었다. 그리고 져도 아무 일도 없었다.

넘어져서 멈추지 않았더라면 달려오는 차에 사고를 당할 뻔한 순간도 있고, 되레 다른 방향으로 갈 수 있었기에 새로이 만난 행복한 세계도 있다. 때로는 이기는 것보다 지는 게 얻는 것이 더 많을 때가 있다.

나태한 삶

한가로운 시간을 오래 견딜 수 없는 정신은 대충 살고 싶은 몸을 자꾸만 일으킨다. 몸이 눈치를 많이 보는 걸 보면 아직은 정신이 몸을 지배하고 있는 듯하다. 할 일을 끝냈을 때의 개운함은 그 자체로 힐링이 된다. 모든 진리는 상대적인 것, 성취 없이 지속하는 휴식은 가치가 떨어진다.

나태한 삶을 동경하기에 부지런해야 한다.

모든 행운은 노력의 지분이 있다

어려운 마음

축복하는 마음은 위로하는 마음보다 상위 범위의 난도일 것이라 정의해 본다. 슬픔을 보듬을 때는, 상대가 본인보다 어려운 마음을 가졌기에 심리 상태 면에서 우위에 있어 미운 마음이 쉽게 피어나지 않는다. 그런데 잘난 사람을 우러난 마음으로 축하하고 응원만 하는 순수한 마음은 흔치 않다. 안타깝게도 지인일수록 그럴 수 있다. 자신의 비교 잣대가 되어 상대가 성장할수록 자신의 가치는 상대적으로 낮아지는 듯한 감정에 지배되기 쉽다. 게다가 대개는 남에게 그런 마음을 내어줄 애정과 여력이 없다. 타인에게 스스로만큼의 기대를 버리고 초연한 마음을 가진다면 한결 편해질 수 있다. 그저 자연스러운 마음일 거라고.

友

가깝게 오래 사귄 사람. 사전적 정의는 이렇다. 대체로 그렇긴 하여도 함께한 시간과 마음이 늘 비례하지는 않는다. 오랜 시간에 비해 가깝지 못한 경우가 있고, 짧은 만남에도 밀착된 진심을 느낄 때가 있다. 자아가 완전해진 자신을 마주하면서 어릴 때 둘도 없던 친구가 완성된 나와는 안 맞을 수 있다. 또 상황에 따라, 현재 직업에 따라서도 가변적이다.

제때 지워내지 못한 얼룩은 만남을 지속한다고 해도 말끔히 지워지지 않고 자국이 남는다. 또 물리적으로도, 마음으로도 이미 서로가 없는 삶이 익숙해져 버린 상태에선 서로의 부재에 허기짐이 없다. 오히려 벌어진 빈틈이 어색할 뿐이다. 상황에 적응하기 마련이고 편한 것에 이끌리는 건 당연한 일이다.

서로의 행복과 불행에 관해 진심이 있는 관

계를 친구라고 정의하고 싶다. 시각 체계는 불완전하기에 내면을 다 알기는 어렵지만, 축적된 데이터들로 마음으로 통하는 마음을 느낄 수 있다. 단 한 명일지라도 데워진 마음을 기꺼이 내어줄 수 있는 사람이 주는 힘은, 다수의 합해진 미지근한 어떤 것들보다 도 크다.

어쩌지 못하는 마음

깊은 곳에서 잔잔히 끓어오르는 감정, 다른 곳을 향하려 해도 자꾸만 한쪽으로 기우는 신경, 각자의 타이밍에서 어긋나 닿지 못한 결핍된 마음, 물을 주고 햇빛을 보여도 살아나지 못하는 식물처럼 양분을 흡수하지 못하고 시들어져 버리는 불완전한 마음.

의지와 무관한 자동반사적 마음, 어쩌지 못하는 마음들이다. 품어주고 보듬어주고 싶다. 얼마나 답답할지 모르겠다.

홀로 걷기

외로움과 편안함 사이의 감각을 즐기니 외투가 덮이지 않은 맨살에 스미는 냉기도 편안해졌다. 오로지 원초적인 감각에만 집중하며 걸을 때, 지금 이 길 위에 지나치는 시선이 없었으면 좋겠다고 생각했다.

늘 걷던 길인데도 낯선 기운이 새로워 여행지에 와있는 듯하다. 사람의 존재에 신경이 묻혀 가려졌던, 일정한 간격을 두고 서 있는 나무도 눈에 들어온다. 그들 뒤로 붉은 노을이 어우러진다. 바닥에 엎드린 마른 나뭇잎이 사각거린다. 자연과 나뿐이다.

❀

반대인 날도 있다. 맹목적 사랑의 흔한 이론처럼 평범하던 길이 당신과 함께 걸으면 특별한 거리가 되고 풍경이 참 아름다운 날.

밤이 되어가는 해

Mission complete, next stage

이 시기만 지나면 편할 거라고 착각하고 싶다.
대학생이 되면, 직장인이 되면, 결혼하면, 아이가 생기면, 그때마다 각각의 과제가 주어진다. 다음 단계로 넘어가기 위한 문제를 풀고 있을 뿐이다. 난도는 상승하지만 쌓아온 경험치와 모아둔 아이템이 있기에 비슷한 정도로 견뎌낼 수 있다. 끝판을 깰 수 있는 날이 기다려진다.

그런데, 끝판을 깨면, 어디로 가는 걸까. 무엇이 남는 걸까.

"우리는 모두 매년 다른 인간이 된다.
평생 하나의 인간으로 살아가는 게 아니다."

- Steven Spielberg

개인의 지표

우리는 자기 기준점에서 판단하는 버릇을 가지고 있다. 애초에 타자의 관점이었던 적이 없으니 그럴 만도 하다. 사랑하면 응당 이래야 한다는 생각도, 그것이 충족되지 않으면 그의 마음을 부정하는 것도 자신만의 기준점에서 파생한 잣대인 것이다.

표현의 능력은 개인의 성격이나 언변에 따라 가변적이다. 마음은 실체가 없기에 보이거나 들리거나 만질 수 있는 것으로 대변될 수 없다.

다만 자신의 지표 항목이 필수 조건이라면, 사랑의 증거를 더 찾을 필요도 없다. 평가에 미달한 점수가 사랑하지 않는 증거가 될 수는 없지만, 자신이 포기할 수 없는 무조건적 조건에 부합하지는 않는 것이니까 말이다.

잘 싸우기

연인에게는 잊을만하면 하나의 명제가 경고하듯 찾아온다. 서로 다름이다. 두 마음이 밀착될수록 필연적으로 부딪힌다. 단단하게 지켜내려면 잘 싸우는 게 중요하다. 싸매지 않고 꺼내 놓아야 한다. 다만 문제와 요구를 오해 없이 인식하도록 명확히 해야 한다. 감정으로 논점의 본질과 진심을 흩트리지 않아야 한다. 이것으로 관계를 유지할 첫 단추를 끼운 셈이다.

문제는 외침이 허공으로 흩어질 때다. 상대에게 좋은 사람이 되고 싶은 마음이 부재할 때, 건강한 사이를 유지하기 위해 어떠한 노력도 하지 않을 때. 방치의 무심함이 상대에게 오롯이 전달되고, 다툼은 해결이 아닌 부어오른 염증이 된다.

불씨를 던져놓으면 이내 온갖 것을 뒤덮듯, 회피는 쌓아 올린 신뢰를 모조리 태워버릴

뿐이다. 느리더라도 내민 손을 외면 않고 응한다면 이어갈 수 있다. 두 사람이 다름을 합의하는 과정이다.

"사랑하고 사랑받는 것은
양쪽에서 태양을 느끼는 것이다."

- David Viscott

어떤 날

끝없이 작아진 몸을 더 둥글려 숨어 들어가고 싶은 날. 어느 것 하나 속 시원히 풀리지 않는 날, 내가 가여운 날. 가진 것이 아무것도 없는 것 같을 때. 하나라고 생각했는데 그것마저 잃었을 때. 그때 무너졌지.

해가 몸을 터뜨리는 모습을 구경하다가 감당할 수 없는 속도로 어둠이 찾아왔다. 시선을 들켜 황급히 추락한 두 눈은 그제서야 오래 깔고 앉은 회색 카펫의 기분을 살폈다. 세련된 회색을 칙칙한 먼지 색으로 착시했던 것임을 알아차렸다.

❀

삶의 어떤 날에는. 사람들과 어울려도, 사랑하는 이와 함께 있어도 외로운 날이 있다. 침잠된 마음은 한 번씩 찾아오는 가벼운 감기 같은 것이어서 내버려 두면 흘러간다. 오늘이 괜스레 무겁더라도 괜찮다. 그런 날일 뿐이다. 오늘의 엉킨 실타래는 내일이 되면 금방 풀 수 있다.

두 사람

하나와 또 다른 하나. 서로 다른 모양은 굴러가는 속도도, 멈추는 지점도 다르지만, 둘을 합치니 동그라미가 되어 한 방향으로 훨씬 더 잘 굴러갔다. 반대의 모양이어서 하나로 합쳐질 수 있다. 다른 모양끼리는 둥글어질 수 있고 하나에 가까워질 수 있다.

❀

나는 복잡한 마음도 촘촘히 읽어내는 사람이기에, 단순하고 마음 느긋한 그와는 서로를 이해할 수 없다고 여겼지만, 지금 보니 그렇게 다르기에 우리는 시너지를 낼 수 있고 잘 맞을 수 있다. 두 사람이 서로의 모습을 인정하고 하나가 되어 서로 장단점을 흡수하고 보완할 수 있다.

어쩌면, 같고 다르고는 별문제가 아닐지도 모르겠다.

소실점, 너와 내가 만나는 곳

가로등

어떤 날은,
외로이 걷는 나를 밝혀주는 빛이 선물 같다.

어떤 날은,
모습을 적나라하게 비추는 빛이 눈치 없다고
생각했다.

❀

나의 모든 시간을 인내하는 너에게
나는 여전히 탓을 하고

오늘도 기다리는 일로 하루를 보낸 너는
무수한 위로를 담은 빛을 건네고

자기 제어

어둠에 어둠을 껴입어 증발하지 않는 화가 있고, 작은 무게의 추로 끝없이 가라앉는 날도 있다. 한낱 자그마한 몸이 파도의 모양대로 제멋대로 휩쓸리듯 제어할 수 없는 마음이다. 할 수 있는 건 시간을 방치하고 거대한 파도의 뱃속에 삼켜지지 않을 정도로 버티는 것.

때로는 단념할 줄 알아야 했다. 집착으로부터 멀어지면 지킬 수 있다. 간혹 행운은 주목받지 못한 잠재된 것에 의해 발현되었다.

반달

초저녁부터 옆선이 흐릿한 반달이 떴다. 성격이 급한 건지 부지런한 건지 모를 반쪽 달을 오랫동안 바라보았다. 둥글게 채워지지 않은 모양이 꼭 내 모습 같아서. 반월은 만월을 기다리고 있을까.

반쪽을 누구에게 내어준 걸까

서운한 감정에 대처하는 자세

카페에서 옆 테이블에 앉은 연인을 보았다. 20대 후반에서 30대 초반 정도로 보이는 커플이었다. 남자와 여자는 입으로 대화를 하면서 눈은 핸드폰을 보고 있었다. 흔한 풍경이라고 생각했다. 잠시 후, 갑자기 언성이 크게 들려와 다시금 시선이 갔다. 사소한 문제로 시비를 가리는 듯한 모습이었지만 아마 그간 쌓인 게 많은 모양이었다.

❀

그녀가 서운함을 토로할 때 그는 행동의 타당성을 증명하기에 바쁘다. 합당한 이유를 들어 잘못으로부터 달아나야 했다. 그녀는 그의 말을 이해했지만, 그것을 변명이라고 생각했다. 여전히 서운한 마음은 어디에서 기인하는 것일까. 그가 늘어놓는 말 속에 억울함만이 내재해 있음을 안 것이다. 자기감정만을 그토록 안타까워하는 마음을 느껴, 자신의 마음을 우선 이해받지 못한 기분에 해소될 수 없던 것이다. 필요로 하는 건 논리적인 설명이 아니었다.

복잡한 감정들이 얽혀 당시에는 명확한 이유도 모른 채 양립하는 두 신경은 고조된다. 서로 자기 마음이 더 앞서 있다. 두 사람이 나누었던 감정은 혼자의 것이 아니다. 먼저 발생한 마음부터 차례로 풀어나가면 순조로울 수 있다. 상대가 어려운 마음을 고백했다면 자신의 억울한 감정은 잠깐만 보류해두고 앞선 마음부터 인정해주면 거창한 공감의 말을 하지 않아도 마음을 어루만져줄 수 있다.

진중함

누구도 타인을 정의할 수 없다. 가까운 사이라 하더라도 전부를 알 수 없고, 평가할 권한은 더욱이 없다. 자기 이야기도 건건이 떠들어대서 좋을 건 없지만, 그건 자기가 주체이기에 스스로 감당하면 될 일이다.

남의 사생활을 아무 생각 없이 흘리거나 누군가를 가벼이 평가하는 사람들을 하루에도 여러 번 본다. 반복되면 무의식적인 편견이 심긴다. 나만 하더라도 남에 대한 말이 많은 사람들 곁을 말없이 떠나곤 했지만, 박힌 음성까지 완벽히 배제할 수 있는 건 아니었다. 나도 모르는 사이 옅게 각인된 것만 같았다.

쉽게 뱉거나 옮기지 않는다. 스스로 신뢰를 쌓아가는 일이다. 가벼움으로 인해 언행을 후회하는 밤은 너무나도 수치스럽기 때문에.

당신과 함께

질리지 않을 행복에 대해 생각해봤어. 거창한 것들이 아니더라. 대전제를 위한 가설은 여기에 있어.
"어떤 일이 있어도 당신만 옆에 있어 준다면, 혹은 아무 일이 없어도 당신이 옆에 없다면."

단지 당신과 함께하는 소박한 일상인 것 같아. 내가 느끼는 걸 함께 느꼈으면 하는 거야.

달의 시간을 빌려 밤에서 새벽으로 이어지는 대화, 서로의 눈에 담긴 얼굴 보기, 볕 좋은 날 손을 잡고 나란히 걷기, 길가에서 만난 꽃들과 하늘 사진 찍기, 한가로운 휴일에 종일 뒹굴기, 향이 좋은 원두를 내려 마시기, 책을 나누어보다 함께 잠들기, 코믹 영화를 보고 함께 웃기, 빗소리 들으면서 파전에 막걸리 마시기, 좋아하는 노래 들으며 가사를 함께 이야기하기, 이런 대단하지 않은 일상을 함께하는 사이 하나둘 늘어가는 주름과 흰머리를 관찰하기.

당신의 존재로, 특별한 일이 아닌 게 나의 특별한 소망인 거야. 하마터면 행복에 대해 무지할 뻔했어. 당신이 아니었다면.

짊어지고 갈 것들이 많지 않았으면 좋겠어. 무엇이든 알뜰하게, 딱 맞게 쓰고 싶다는 생각이 들었어.
이건 비밀인데, 당신에게만은 어떤 비밀도 없을 수 있어.

우리의 약속

골목길

자기 암시를 통해 마음이 편해지는 장소가 하나쯤은 있을 것이다. 나에게도 그런 곳이 있다. 제주 남원읍의 해안로 골목이다. 언젠가 그곳을 갔는데 하늘이 유난히 새파란 암청색이었다. 청명함 아래 고집이 세지 않은 노란 가로등 불빛이 길을 비추고 있었다. 적막 위를 걸어도 성격이 유연한 파도 덕에 외롭지 않았다. 화려한 곳도, 특별한 곳도 아니지만 별다른 이유 없이 마음에 스며들어 왔다. 그 후로도 제주만 가면 찾게 되는 골목길이다. 그곳의 누구라도 변함없이 자리를 지키고 있는 나의 비밀 장소다.

내가 만드는 공간

일은 하려면 무한정 많을 수 있고, 할 일이 하나도 없을 수도 있다. 한계선을 저 멀리 그을 수도 있고 코앞에 그을 수도 있다. 내어주는 마음을 이만큼만 그릴 수도 있고, 훨씬 더 크게 그릴 수도 있다. 취미나 개인 활동처럼 내 마음대로 넓히거나 좁힐 수 있다. 누구의 지시도 따르지 않는다. 오직 자신이 만들어가는 영역이다.

시행착오

처음 자전거를 타면 몸이 기운다. 중심을 잡으려 해보아도 자꾸만 넘어진다. 연습하면서 생긴 굳은살은 작은 생채기쯤은 아무 감각 없이 견디게 해준다.

처음의 신분으로 시행착오를 겪더라도, 서툴러서 그 역할을 썩 잘 해내지 못하더라도, 조금은 너그러울 수 있기를. '나'라는, '너'라는, '남편'이라는, '아내'라는, '부모'라는, 혹은 '자식'이라는 하나의 역할을 맡기 전에, 생을 처음 살아가는 한 사람이니까. 우린 모두 처음이니까.

사람의 이해

관계로부터 비롯하는 고민은 어디에나 혼재한다. 어렵다, 어려운 것이다. 고민을 고민해봤다. 사람은 식물과 같다고 생각했다. 마음이 외로운 꽃도, 위가 유난히 작은 꽃도 있다. 많은 애정이 필요한 사람도, 관심을 가질수록 식물의 썩은 뿌리처럼 멀어지는 사람도 있다. 식물을 적당한 물과 햇빛, 온도와 습도를 지키며 가꾸어야 하듯, 마음도 양 조절, 속도 조절이 필요하다.

❀

사람은 사람에 의해 울고 웃는다. 질긴 유기체이다.
어쩔 수 없이 유대 중인 사람은 영원이 아니다. 또 그들과 겪는 별일은 사실 별일이 아니다.

❦

선물을 고를 때 받는 사람이 좋아할 모습을

상상하며 고르듯, 친절도 주는 사람이 아닌 받는 사람의 마음을 고려해야 한다. 받는 사람이 편안해야 한다.

☾

지쳐있을 때는 소중한 인연을 놓치기도 한다. 타이밍은 연인뿐 아니라 친구 관계에서도, 가족 관계에서도 잘 지켜야 한다. 그들과의 시간을 되돌리고 싶을 때 할 수 있는 행동은 감정이나 마음이 너무 굳어지기 전에 먼저 다가가는 일이다.

"산, 강, 그리고 도시만을 생각한다면
세상은 공허한 곳이지만,
비록 멀리 떨어져 있더라도
우리와 같이 생각하고 느끼는
그 누군가가 있다는 사실을 알면
지구는 사람이 사는 정원이 될 것이다."

- Johann Wolfgang von Goethe

쉼의 공간

1.
남자는 평소와 달리 말수가 적다. 엄마는 걱정스러운 얼굴로 따라 들어와 이것저것 캐묻는다. 일과를 살폈지만 얻은 정보가 없다. 요즘 들어 비밀을 많이 만들어 벽이 생긴 것 같다. 남편에게 무슨 일인지 대신 알아보라고 한다. 부모는 매사에 궁금한 게 많다. 늘 상태를 살핀다. 그저 사랑할 뿐이다.

이 문을 열면 강제로 평온해야 한다. 혼자의 시간이 필요한데 쉴 수 없는 집이 불편하다. 끼치는 걱정이 우려되어 표정조차 마음대로 지을 수 없다. 남자는 방에 있는데 밖에 있는 것 같다. 상태를 감시받느라 감정의 권리마저 침해당한 것 같다. 그들의 마음을 알기에 오히려 부담스럽기도 하다.

❀

시기 부적절한 애정 표현은 짐이 될 수도 있

다. 소유물이 아닌 자율적 인격체로 존중해
야 한다. 신뢰로써 위해야 한다.

2.
젊을 때부터 생업이 바빠 딸에게 관심을 쏟
지 못했다. 당장 오늘을 쫓는 데 급급하여
마음이 끊길 것은 생각지 못했다. 하루를 마
쳐갈 때 즈음에서야 돌아왔다. 딸의 우울한
얼굴이 자신 때문인 것만 같은 느낌이 들고
나서부터 더욱 마음을 묻기 힘들다. 마음이
쓰이지만 따뜻한 말 한마디 못 건네는 자신
을 탓하며 잠을 청하기로 한다.

여자의 하루는 종일 힘들었다. 행복한 사람
들 틈에서 미운 얼굴의 외로움이 어깨를 짓
눌렀다. 돌아온 집은 데워지지 않았다. 냉기
와 적막은 꽤 잘 어울린다고 생각했다. 차게
식은 숭늉을 들이켰다. 가족과는 개인 영역
에 대해 한 번도 대화한 적 없었기에 형식적

인 짧은 인사 외의 말은 어색할 뿐이므로 생략하는 게 당연했다. 공허한 방으로 들어갔다. 내일을 또 살아가야 했다.

❀

오래 묵은 텅 빈 마음은 허기가 채워지지 않는다. 따스함이 어떤 건지, 감정을 어떻게 공감해야 하는지 학습하지 못한다. 결핍된 마음은 주는 법도, 베푸는 법도, 표현하는 법도 서툴다. 집은 차갑고 쓸쓸한 공간이 되고, 달콤함을 제공해주는 다른 도피처로 빠져들게 된다. 다듬어지지 못한, 갈 곳 잃은 궁핍한 애착이 흉악한 모습으로 변질해 나타나기도 한다. 땅끝까지 떨어진 자존감은 타인이나 자신의 연약한 어떤 곳에 기대어 지탱하고 있다.

사랑을 듬뿍 주면, 받은 만큼 애정을 나눠줄 수 있는 사람으로 성장하고, 어려운 세상을 감당할 수 있는 내면의 힘이 길러진다.

3.
따뜻함과 편안함으로 지은 집은 단단하다.
사랑의 올바른 얼굴을 보고 자란 사람은 건강한 사랑을 받은 귀티가 난다.

여행 기록

여행은 가벼운 날도 이롭지만 무거운 날에도 활력을 준다. 묵직한 것을 모두 해소할 수는 없을지라도 정리하기에는 가장 좋은 방법이다. 창을 활짝 열어 방안을 환기하듯 머릿속과 마음의 공기를 환기하여 순환시킨다.

여행지는 같은 곳이어도 계절에 따라, 햇빛과 구름의 양에 따라, 내 상태에 따라 다른 기억으로 저장된다. 펜으로 새겨두면 그날의 감촉이 느껴진다. 사진보다 사실적인 감각을 찍는 것이다.

"여행이란
우리가 사는 장소를 바꿔주는 것이 아니라
우리의 생각과 편견을 바꿔주는 것이다."

- Anatole France

Sad ending

빈 종이를 빼곡히 채웠던 밤. 마음의 최초도 하얀 종이였을 거라고 짐작했다. 누군가를 원하는 시간은 오롯이 나를 위해 주어진 나만의 시간이다.

❀

달빛이 참 예쁜 동네였다. 달의 향기가 가득한 밤공기의 감촉을 느낀다. 하나의 마음을 공유했다. 내가 웃으면 당신도 따라 웃었고, 내가 우울하면 당신도 함께 우울했다. 슬픔을 행복으로 바꾸는 법은 알지 못했다.

그림자가 사라질 때까지 한참을 지켜보았다. 나는 오래도록 너의 그림자가 되어주고 따뜻한 계절이 되어주고 싶었다.

차갑게 식어 굳어버린 심장을 어루만지며 온기를 만들어냈다. 달은 아침이 되어가고 있었다.

서로의 온기를 짙게 느낄 수 있는 계절

기억과 관심

1.
기억 능력은 부분적이고 주관적이며 선택적이다. 내게 흥미롭거나 신선한 것들로만 가득 채워져 있다. 기억하고 싶은 것만 골라서 넣어두거나 충격적이어서 어쩔 수 없이 각인된 것들이다.

타인이 즐거웠고 행복했던 장면이나, 그들이 상처받았던 대목은 장치에 담기지 못했다. 같은 추억을 공유하는 사람들과 대화를 해보면 그들도 그랬다. 간혹 믿고 싶은 대로 믿어 사실이 왜곡되기도 했다. 누구에게도 타인의 관점은 영향을 미치지 못했다.

2.
매일 다니는 길목에 그렇게 큰 건물이 있는데 무슨 건물인지조차 몰랐다. 어느 날, 좋아하는 사람이 그 건물을 언급했다. 그때부터는 불이 켜져 있는지 꺼져 있는지, 문이

열려 있는지 닫혀 있는지 멀리서도 그렇게 잘 보일 수가 없었다.

❦

실재하는 것도 기우는 관심으로부터 비로소 자기 존재를 찾는다. 사람들은 자신과 밀접한 것 외에는 별 관심이 없다. 존재 의미를 찾아줄 마음은 한정적이다. 잠깐 담았다가 저장되지 않고 사라지는 경우가 대부분이고, 각인 된다고 해도 애정없이 가벼운 경우가 많다. 그러니 많은 일을 신경 쓰지 않아도 된다.

예측 불가

예상외의 일은 종종 발생했다. 직장에서의 상황도, 사람과의 관계도, 누군가의 생사도, 전부가 우발적 사건의 연속이다. 한 치 앞의 미래도 예상하지 못하거나 계산에 어긋나 비뚤로 가기도 했다. 예측할 수 없는 전개는 긴장을 준다. 이 불안은 살아있다는 것을 증명하는 감정이다. 불안정이 영원한 안정으로 바뀐다면, 어떠한 흐름도 흥미롭지 못할 것이다. 드라마에서 재미를 위해 등장시키는 긴장감을 주는 요소가 활력을 주는 것처럼 말이다. 낯선 길일지라도 잠깐 헤매고 방랑하다 보면 새로운 이들과 익숙한 이야기를 만들어가고 있다.

모든 이야기가 늘 행복하지만은 않다는 것을 잘 알고 있다. 행복한 과정이 반드시 행복한 결말은 아니며, 괴로운 과정이 반드시 괴로운 결말도 아니라는 것도 안다.

늘 행복할 수도, 늘 불행할 일도 없어
모두 저마다의 희노애락이 있는 것이라고

옛 추억

건조한 마음은 울지조차 않는다. 메마른 마음에 물기를 얹어주고 싶을 때. 구석에 쭈그리고 앉아있는 말랑거리는 기억을 더듬는다. 옛 친구들이 떠오른다. 어렴풋이 떠오르는 어린 날의 내 얼굴도 가까이서 보고 싶다. 시간을 되돌리고 싶다기보다는 잠시 들여다보고 싶을 뿐이다.

❁

음악이 머릿속으로 시간 여행을 시켜주는 것처럼, 아름답게 보존된 추억은 상기하는 것으로 만족해야 할 때가 있다. 끄집어내려 물리적 힘을 가하면 그 힘이 아름다운 환상을 무너뜨려 다시 현실로 돌아오게 만들기도 하기 때문이다. 혼자만의 추억이거나, 그리움의 타이밍이 맞지 않는다거나, 더없이 미화된 내 기억 속의 어떤 형태와는 너무 변해버렸거나, 하는 경우다. 공백은 추억과 현재를 이어주지 않는다.

원래 그런 사람

태어나면서부터 정해진 규격이라도 있는 걸까. 기본적인 것도 당당히 부정하며 자신이 '원래 그런 사람'이라고 주장하는 사람의 말을 온전히 믿어줄 수 있을까. 억지 논리는 모든 서운한 마음을 합리화하는 데에 활용되곤 했다.

당신은 자기 보호 본능의 차원에서 믿지 않으면서도 믿고 싶어 했다. 하지만 안타깝게도 원래 그랬던 그 사람은 당신이 아닌 다른 누군가를 만나면서 당신이 그토록 원하던 모습으로 변하기도 했다.

part 3.

온몸에 힘 빼기

온몸을, 그러니까 내가 가진 모든 감각을 내려놓는 연습을 한다. 일과 중 나도 모르게 쌓인 크고 작은 긴장이나 불안으로 인해 몸이 경직되어 있다. 가장 편한 곳에 누워있는데도 몸에 힘이 들어가 있는 듯한 날이 있다. 의식적으로 힘을 빼야만 한다. 눈, 코, 입, 어깨, 허리, 팔과 다리, 손과 발, 내가 느낄 수 있는 모든 감각에 천천히 힘을 빼고 내려놓는다. 머릿속에 드는 생각까지. 깊은 호흡을 여러 차례 반복한다. 그날 밤은 편안하게 숙면할 수 있다.

조건 없는 마음

조건 없는 마음의 윤곽을 그릴 수 있다. 착각일지 모르지만, 언어로 형용할 수는 없지만, 묘연한 존재를 믿고 있다.

겨울과 닮아있다. 얼어붙은 마음에 따뜻한 손을 갖다 대어 온도를 나누었다. 아득히 깊고 내밀한 곳으로 보내는 온기. 손은 얼고 마음이 녹기 시작했다.

"한 가지 위대한 일을
이루고자 노력한다면
그것이 불가능하다는 점을
깨닫게 될 것이다.
위대한 사랑을 가지고
작은 일들을 하는 것만이 가능하다."

- Mother Teresa

물과 마음

마음은 투명한 물.

쏟아버린 물은 다시 이어붙일 수도, 주워 담을 수도 없다.
잔에 가득 찬 물은 출렁이며 넘치기도, 소리 없이 추락하여 언제 사라진 지 모르기도 한다.
까만 잉크가 떨어진 물은 양을 계속해서 추가해보아도 처음과 같이 투명해질 수 없다.
가장 투명해서 가장 쉽게 물든다. 물들인 색 그대로 거짓 없이 발색된다.
흐르는 물은 맑지만 고인 물은 탁해진다. 상해 버린 물은 삼킬 수 없으며 삼키더라도 뒤끝이 찝찝하며 속이 역겹다.

다만 어떠한 순간에도 깨지지는 않는다.

사랑

자취 없는 눈밭을 한 발 한 발 조심스럽게 내딛는다. 같은 눈빛을 가진 두 사람이 마음을 포개기로 한 것이다. 연인에게는 한여름날의 흰 눈처럼 기적이라고 믿었던 동화 같은 순간이 있었다. 후로는 뾰족한 모양에 찔리기도 했다. 지금은 그마저 둥글게 다듬어졌다.

모든 과정을 지나온 지금도 여전히 서로를 아끼는 마음이 있다면 그게 사랑이 아니고 무엇일까. 이 단계의 연인들은 사랑의 정의가 단순히 서로의 마음에 이끌리는 것이 아닌, 형용할 수도, 가치 환산할 수도 없는 묵직한 마음이란 걸 알고 있다. 단단한 신뢰 속 심연의 마음이다. 설레는 감정보다 상위 영역에 속한 이 마음은 오랜 연인이 누릴 수 있는 특권이다.

반복되는 날에 지쳐 혹은 뾰족한 가시에 찔

려 다른 누군가와의 가능성을 떠올린 날도 있었겠지. 무책임의 충동을 인내하고 결국 마음이 선택한 사람이 여전히 옆의 그 사람이라면 그게 당신의 사랑인 것이다. 이제는 심해 위 작게 울렁이는 파도에도 평온함을 누릴 수 있다.

"사랑은 무엇보다도 자신을 위한 선물이다."

- *Jean Anouilh*

됨됨이

부정否定은 부정否定을 유발한다.

실수 자체는 부정否定이 아니다. 마음 본질과 그곳에서 비롯한 태도의 과정으로 부정否定인지 아닌지를 판단할 수 있다. 부정한 결괏값에 관해 어떤 마음이었는지, 현재 어떤 마음인지에 집중하는 편이다.

선의도 받는 마음의 색깔에 따라 검어지기도 한다. 받는 사람의 마음이 곱지 않으면, 어떤 호의도 있는 그대로 좋게 받지 못한다. 또 부정否定이 부정否定을 유발한 것이다.

마음 청소

스스로 어떤 사람이라고 형용한다면 무슨 수식어를 붙여 문장을 쓸 수 있을까. 자신을 타인을 보듯 대상화하여 바라보면, 놓쳤던 것과 부족했던 부분을 알게 되고 몰랐던 마음도 볼 수 있다. 필요 없는 것들은 버리고, 여전히 어쩔 수 없는 마음은 분류하여 조치한다. 이렇게 한 번씩 마음을 청소하면 한결 가벼워진다. 습관화하면 자신을 객관적으로 정의할 수 있고, 더 나은 사람이 될 수 있다.

불행 제거

마음이 거부하는 건 아무리 감추려 애써도 묻어나온다. 그 마음을 끝내 모른 체할 때 독소가 몸 곳곳에 퍼진다. 자신을 침식시키는 존재만 지워내도 행복할 수 있다. 수정/삭제 버튼은 언제나 주인인 내가 가지고 있다. 순간의 용기로 해방될 수 있다.

특별한 일이 많아서 행복한 게 아니다. 그저 불편한 요소로부터 해방된 편안한 마음이면 행복한 것이다. 지금 마음에 걸리는 건 뭔지, 나를 불행하게 만드는 것은 무엇인지 점검할 것. 더는 방관하지 않을 것.

오늘을 행복하게
행복은 적립되지 않아서 그때그때 소진해야 한다

Reaction

1.
영혼 없는 사람들이 애정이 없으면서도 가벼운 관계를 이어가려는 이유는, 외롭고 무료한 일상의 결핍을 충전해 줄 사람으로 활용하기 때문이다.
그들은 대화할 때 미동하지 않으며, 자신과 무관한 상대의 소식에는 반응하지 않는다. 서로가 했던 말을 자주 잊으며, 큰 변화가 보여도 궁금해하거나 묻지 않는다. 스스로 원래 남 일에 무관심한 사람이라고 소개하면서 말이다. 하지만 곁에 오래 남을 사람은 없다.

2.
받은 마음에 대한 감동을 가감 없이 노출한다. 우선 보답할 방법은 단지 진심을 표현하는 것뿐이다. 값을 치르고 가져오는 물건에도 후기를 남기는데, 자기 것을 무상으로 제공한 마음에 대한 표현은 당연한 도리다.

슬픔을 털어놓는 사람 앞에서는 쉽게 공감의 뜻을 전하기 어렵다. 마음의 깊이를 감히 다 알지 못할 수도 있고 괜한 오해를 살까 봐 조심스럽다. 다만 함께 몰입하는 것으로 위로를 건넨다. 마음이 느껴지는 모든 표현은 리액션이 될 수 있다.

❀

상황에 적절한 반응은 관계에서의 기본적인 예의이고 사회생활의 필수적 요건이다. 진심을 담으면 생각이 깊고 매력적인 사람으로 느껴진다. 리액션이 좋은 사람들이 인기가 많은 것은 모두가 안다.

나와의 조우

적당한 압박과 피로감은 오히려 안정의 역할을 해주었다. 안정제가 결핍되면 잘못하고 있는 것 같아 불안해졌고, 한편으론 그런 내 모습이 불만스럽기도 했다. 그래도 언제 생각해보아도 나는 성취감을 채우며 내가 살아있음을 느껴야 했다. 다행히 몸보다 정신이 항상 먼저 존재감을 드러냈다. 쓸모없는 긴장으로 혹사한 날은 나를 더 아껴주고 챙겨주었다. 그렇게 가꾸어 나가며 나를 찾아갔다.

먼 미래에서 현재를 포함한 무수한 과거의 나를 만난다면 어떨까. 그때를 상상한다면 지금 내 모습을 더 빨리 찾을 수 있다. 규격화된 답은 없다. 나는 아마 충실하고 치열했던 생활 속 나의 행복을 사랑했던 시간을 가장 좋아할 것이다.
사랑의 흔적들과 무수한 관계 속 존재하던 모든 순간이 참 소중하다고 말할 수 있기를.

찬란했던 시간의 기억을 선물한 나를 칭찬할 수 있기를.

성취

산을 오른다. 이따금 다리를 멈춰 놓고 본능적으로 몸을 보호한다. 충혈된 눈에 투명색 공기가 스며들어온다. 가빴던 숨과 함께 마음도 온순해진다. 정상에 오르기 위해서는 몸과 마음의 재정비 시간이 필요하다. 반복하며 다다른다. 정상은 존재 자체로 동력이 된다. 닿기에 어려운, 그래서 그만큼 절실한.

시간이 지나면 익숙해지는 감정처럼 간절한 소망도 이루고 나면 당연한 것이 되고 만다. 달콤한 성취감이 금세 사라질지라도 순간을 위하여 오늘도 오른다. 그리고 더 높은 산을 찾는다. 망각한 쾌감을 대신할 또 다른 쾌감을 찾아서. 쾌감들이 쌓여 내가 되고 있다.

어쩌면 한 끗 차이,
조금 더 인내하는 사람이 이기는 것

지난 일이 고민될 땐

엎질러진 물처럼, 뱉은 말처럼. 고칠 수 없는 과거는 어쩔 수 없다. 이미 그렇게 흘렀는데 어떻게 할 건가. 지난날을 후회하려 할 때마다 되뇌는 공식이다. 지나버린 걸 되돌릴 초능력이 없다는 사실을 인정해야 한다. 달라질 수 있는 유일한 것은 현재에 할 수 있는 일을 하는 것. 훌훌 털어버리는 것.

거창한 해답이 없다. 그냥 수긍하는 것이다.

가성비 언어

고마워, 사랑해.
평생 듣고 싶은 말이 남자는 고맙다는 말, 여자는 사랑한다는 말이라는 걸 언젠가 들은 적이 있다. 그토록 간절하게 확인받고 싶은 한마디 말인데, 그 세 글자조차 종종 실천하기 어렵다. 고마움과 사랑의 감정은 원래 자기 공간인 양 편안하게 자리를 차지하고 눕는다. 익숙함은 망각을 재촉한다. 인위적으로 망각을 한 번씩 깨우면 가장 쉬우면서도 탁월한 효과를 낼 수 있다.

비의 흔적

엄마의 굽 있는 구두를 부러워하던 어린 시절. 디딜 때마다 또각또각 소리가 나는 빨간 장화를 신을 수 있어서 어릴 때부터 비 오는 날을 유난히 좋아했다. 좋아하는 마음도 습관이 되던가. 지금도 비가 좋다. 비가 내는 촉촉한 목소리도 좋고 창문에 맺히는 빗방울의 얼굴들도 좋다. 비는 모든 풍경을 바꾸어 놓는다.

말끔히 씻어 내리는 빗물

주변 정리

어떤 일이 발생할 때 주변인을 정리하는 계기가 되기도 한다. 반응과 태도에서 마음의 민낯을 볼 수 있고 동시에 과거로부터의 진심까지도 판단할 수 있다. 작은 움직임이나 표정 같은 사소한 것에서 임시로 장식한 얼굴을 들킨다. 속이 훤히 드러난 사람이 정리되고 남은 한결같은 사람에게, 그가 할애한 시간과 마음에 감사해야 한다. 시간이 지날수록 그런 사람들만 주변에 남아있다. 언젠가는 모두 소실되는 걸까.

❁

다급하거나 약해진 심리는 가장 섬세할 수 있어서 눈치채기 쉽다. 하지만 오해하기도 쉬워 주의해야 한다.

"진정한 행복은 잘 드러나지 않으며,
화려함과 소란스러움을 적대시한다.
진정한 행복은 처음에는
자신의 삶을 즐기는 데서,
다음에는 몇몇 선택된 친구와의
우정과 대화에서 온다."

- Joseph Addison

나를 완성하는 당신

상대방이 가진 것은 내 소유물이 아니다. 서로 다른 두 자아는 제도를 통해 통합될 수 없으며 영원이라는 시간 역시 존재하지 않는다.

당신과 함께 있어서가 아닌 내가 나여서 빛나도록 이끌어주는 사람. 나 자체를 지지해주는 사람. 그러니까 당신보다 나에게 유능한 사람.
그 존재가 더 건강한 행복을 누리게 했다.

서로의 조력으로써 완전한 자신이 되고, 결핍을 보완하여 존재를 완성해주는 관계.
필요의 조건이라면 이 조건이 더 이상적이지 않을까.

❀

자신의 소중함을 안다면, 자신을 소중히 대해주는 사람을 만나세요. 조건을 보는 이유는 행복하게 살기 위함이잖아요. 어떤 조건 보다 가장 뛰어난 조건을 가진 사람을 찾으세요.

Happy ending

뻔한 드라마의 결말은 착한 주인공의 해피 엔딩이다. 동화되어 대리 감정을 느끼기도 하지만 반드시 늘 좋은 결말일까 싶기도 하다. 정답인 해피 엔딩이 누구에게나 주어지는 흔한 일인 것 같아서. 그들과 달리 좋은 결말을 만들지 못한 당시의 나는 잘못된 것만 같은 조급한 기분이 든다. 가끔은 현실과 가까운 그들의 시련이 도리어 동질감과 일단의 안도감을 주기도 하는 것 같다.

"당신은 움츠리기보다
활짝 피어나도록
만들어진 존재입니다."

- Oprah Winfrey

타이머

시간만큼 공정하고 철저한 존재가 있을까. 무슨 일을 자발적으로 할 때, 부족한 의지가 걱정될 때 종종 타이머를 쓴다. 1초씩 사라지는 순간을 눈으로 보면서도 붙잡을 수 없음에 한탄했다. 싫은 곳에서는 천대했던 시간이 희귀하고 절실하게 느껴졌다. 심장 박동에 맞춰 촘촘히 줄어드는 숫자를 그저 바라보며 허비할 수는 없었다. 타이머는 틈틈이 나를 감시했다. 나와의 약속을 지키려 더 집중했고 습관이 된 후로는 통제의 시간이 좋기까지 했다. 시간이 나를 지배하는 것이 아닌, 내가 시간을 관리하고 조절할 수 있게 된 것이다.

영화처럼 인생의 남은 시간도 볼 수 있다면 더 알차게 쓸 수 있을까. 오히려 일시 정지할 수 없이 줄어가는 숫자의 덧없음이 허무할 것 같다. 흔한 진리처럼 그저 오늘을 최선을 다해 살아가는 게 역시 정답인 듯하다.

방금 또 공평했던 1초, 5초, 30초, 1분이 떠나갔으며 다시 돌아오지 않았다.

"우리 모두는 초대장도 없이,
비자발적으로 지구에 온 방문객이다.
하지만 나에겐 이 비밀조차
감탄스러울 따름이다."

- *Albert Einstein*

지금

날은 꽤 차지만 해가 낮은 주말이다. 볕이 잘 드는 카페에 왔다. 등 뒤로 따스한 햇살을 받으며 창밖을 바라보면 머리카락을 곱게 물들인 나무들이 보인다. 업무를 하는 중이어도, 혼자여도 지금이 좋다. 생각하고 싶지 않은 어려운 순간들은 머릿속 저 끝으로 밀어 미뤄둔다. 혹시 잊을까 봐 기록해두어 안정감을 보태어 준다. 그러면 더할 나위 없이 평화로운 지금이 된다.

나를 지키는 힘

부당한 대우를 당하면 참지 않았다. 사회생활이라고 여기고 이치에 맞지 않더라도, 억울하더라도 참고 넘어가는 법이 없었다. 보수적인 공간에서 단기적으로 봤을 때 손해될 일이라 하더라도 나는 기꺼이 그 길을 택했다. 나는 나를 성숙한 방법으로 지키는 힘을, 그리고 자신감의 원천을 적정한 공격성에서 찾았다. 자신감은 긍정과 여유로움으로 표출되었다. 덕분에 관계에서도 남의 말에 쉽게 상처받거나 위축되지 않을 수 있었다. 나를 방어하기 위한 건강한 공격성을 발달시키기 위해서는 몸도 건강해야 한다. 튼튼한 몸은 마음을 건강하게 만들고 건강한 마음은 다시 몸을 튼튼하게 한다. 나를 지키는 힘은 꼭 필요하다.

"우리는 매력적이고, 참신하고,
자발적으로 태어나며
사회에 참여할 수 있을 때까지
교양을 갖추어야 한다."

- *Judith Martin*

아빠의 선물

어린 시절 아빠는 종종 책 선물을 해주셨다. 메시지는 항상 내용과 날짜를, 마지막에는 '사랑하는 아빠가.'의 형식을 유지했다. 며칠 전, 우연히 본가 책장에서 펼쳐 든 책의 첫 장에, "사랑하는 딸, 책은 마음을 풍부하게 해준단다."라고 적혀있었다. 아빠의 필체가 참 젊다. 젊은 아빠를 오랜만에 만났다. 담긴 글자가 짙어서 아직도 은은한 향이 남아있었다.

언제나 당신의 팬
언제나 당신의 편

3월의 어느 아픈 날

커튼을 뚫은 햇빛이 옷장에 창문 모양을 그대로 그리고 있다. 해가 기세등등한 계절이 오고 있음이 분명했다. 한 계절이 전환되는 시점은 기대감을 자극한다. 특히 무거운 날에서 가벼운 날로, 어두운 날에서 밝은 날로 이어지는 시점은 잔뜩 설렌다. 언젠가는 추운 겨울이 지나가고 따스한 봄날이 올 거라는 말을 심심찮게 쓰듯 우리는 봄을 격렬히 환영한다.

이렇게 좋은 날을 집안에서만 맞아야 할 때 창밖으로 들뜬 목소리들이 들려오면 그렇게 억울할 수가 없다. 겨울에는 차가운 세상으로부터 보호된 한없이 아늑한 공간이, 한순간 나를 새장에 갇힌 새로 만들어버렸다. 활공하여 온 세상을 맞이하고 싶다는 생각이 간절하다.

3월은 언제나 설렌다. 봄, 처음, 새 학기, 피

어오름. 시작하기 좋은 계절이다. 사랑하기 좋은 계절이다. 뭐든 하기 좋은 날들이다.

"누군가에게 다가가 봄이 되려면
내가 먼저 봄이 되어야지."

- 이해인, 〈봄 일기〉 중에서

삶

흐르는 시절에 무언가를 놓치지 않고 반드시 소유하리라는 마음에서 해방될 수 있을 때 우리는 자유로울 수 있다. 자신이 알고 있는 걸 모두 옳다고 생각하거나 자기를 완벽하게 알고 있다는 오만함을 버려야 행복할 수 있다. 어른이 된다는 것은 세상 그 무엇도, 그 누구도 내 마음대로 지휘하거나 감독할 수 없다는 사실을 담담히 받아들이는 것이다.

삶은, 쌓아온 모든 순간이 일순간 거품으로 변해 그 소멸을 목격하면서도 상실감을 묵묵히 인정하는 것이다.

일단 시작

이런저런 사정들을 다 들어주면 그 언제라도 시도할 수 없다. 하고 싶은 것은 험난할지라도 우선 시작한 후 얼마나 어려운 일인지 체감한다. 그럼 어떻게든 하고 있고, 무엇이든 되고 있다. 예상한 방향으로 흘러가지 않더라도 그 조각 또한 나의 것이 된다. 그래서 고칠 수 없는 과거가 될지라도 후회할 일이 없다. 유독 거울 속 내가 마음에 안 드는 날에도 남들은 알아차리지 못하듯, 어차피 지난날의 잔상은 내 눈에만 보인다. 성큼 지나온 발자국을 볼 수 있을 뿐이다. 어제도, 오늘도, 내일도 같은 본질의 나는 최선을 다해 즐길 뿐이다. 그리고 견딜 뿐이다.

지금, 바로 지금

사람의 잔상

감정에 의존하지 않고 사실에 기반하면 추억뿐인 과거의 사람일지라도 기억에 남는 사람이 된다. 바른말을 하면 바른 사람들은 그를 좋은 사람으로 기억한다.

좋은 사람이 되려 하기보다는 바른 사람이 되려 한다. 애초에 누구에게나 좋은 사람일 수도 없기에.
조금 차갑더라도 깔끔하고 공정한 사람이고 싶다. 강한 사람에게 맥없이 굽히는 것을 당연시하지 않고 약한 사람에게 아무렇게나 대하는 것으로 과시하지 않는다. 소신대로 옳고 그름을 구분한다.

❊

사람들은 만났던 그때 머물러있었다. 어릴 때 만난 친구들은 그 시절에 있었고, 사회에서 만난 사람들은 또 그곳에 있다. 시절이 흘러도 사람은 변하지 않았다.

그럼에도 새삼 다른 감정을 느낀다면, 그건 내가 변한 것일까.

"행복한 삶의 비밀은
올바른 관계를 형성하고
그것에 올바른 가치를 매기는 것이다."

- Norman Thomas

순도 100% 눈물

사실 마땅히 슬퍼해야 하는 자리에서 슬픔 그 자체의 눈물을 흘린 적이 잘 없었다. 불순물이 섞이듯 다른 감정들이 조금씩 섞여 눈물샘의 자극을 돕기도 했고, 눈물이 흐르는 동안에도 다른 시답잖은 생각이 떠오르기도 했다.

당신의 생사에 혹시 모를 위협을 느낀 날, 조금의 가식도 없는 순도 100%의 눈물을 알게 됐다. 속수무책의 감정이었다. 그저 저절로 흐르는 것 외에 어떠한 감정도 섞이지 않은 순수한 결정.

여운이 남는 사람

섬세함이 몸에 배어 배려로 이어지는 사람. 따뜻함이 센스있는 모습으로 표출되는 사람. 말을 아껴 속마음이 궁금한 사람. 기본을 지키며 무례하지 않은 사람. 그는 타인을 아무렇게나 각인하지 않을 것 같아서, 더 나은 사람이 되게 만든다. 오래도록.

보통 사람과 다른 묵직한 존재. 내게 긴 여운을 남기는 사람이다.

반듯한 사람의 다정함, 긴 여운

말이 안 되는 일

이해할 수 없는 사람을 이해해야 하는 일. 배려 없는 사람을 배려해야 하는 일. 이기적인 사람에게 양보해야 하는 일. 나쁜 사람이 잘 되는 일. 종종 이런 말이 안 되는 일들이 일어나는데 어떻게 인내할 수 있을까요. 마땅하지 않은 일을 마땅히 하지 않는 것도 할 수 있는 일이죠.

나를 아끼는 마음

누군가에게 감정을 오래 빼앗기고 싶지 않다. 나를 아끼는 마음이 남과 잘 맞추어가려는 마음보다 커질 무렵 드는 생각이었다.

타인의 아픔으로 자신의 작은 슬픔을 위로하는 사람은 말을 뱉을 때 기억도 함께 뱉는다. 그들이 자신만의 방식으로 자기를 사랑하는 것처럼, 이토록 온전한 편이 없는 스스로를 지켜내야 한다. 그런 곳에서는 아무 죄책감 없이도 내 지분의 마음은 아껴도 된다.

여러 방면에서 오만한 생각을 했던 나는 이제 이기적인 본능이 향하는 시선에 꽤 의연하다. 내가 보지 못하는 사각지대의 영역도 인지한다. 지나가는 바람에는 역시 타격감이 없다.

어려운 상대도 여전히 존재한다. 마음은 상대적이고 교환적이다. 자기 지분의 마음을 기꺼이 나누어준 당신일 것이다. 관심을 얻기 위해 아프다는 거짓말을 하거나, 토라진 마음을 꺼내기 위한 시비를 걸지도 모른다.

아기에게

매일이 벅차고 새로운 요즘이야. 너를 품고 나서는 산책을 할 때 이어폰을 빼놓고 다니는 습관이 생겼어. 자연의 소리를, 세상의 소리를 왜곡 없이 들려주고 싶어서. 너와 함께하기 위해 주어진 이 시간을 허투루 낭비하지 않을 거야. 이런 날들도 꽤 괜찮네. 숨가쁜 날들도 있고 온전히 한 사람을 위한 시간도 있겠지. 어떤 날에도 최선을 다해서 충실할 거야. 지금은 우리를 위하느라 바쁜 시간이야. 찬 바람이 부는 날들도 있겠지만 따스함 속에서 사랑으로 너를 피워낼 거라고 다짐을 해. 세월이 흘러 많은 잣대가 변하더라도 영원히 변색하지 않을 마음이야.

너에게 많은 걸 주는 것 같지만 실은 내가 얻는 게 더 많다는 걸 알아. 너로 인해 숨이 차오를 만큼의 활력을 찾고 전에 없던 기쁨을 알게 될 거야. 그 행복을 누린다는 건 더할 나위 없는 축복이야. 지치는 날이 있더라도, 그럴수록 네가 없는 날은 상상할 수 없게 될 거야. 지금만 느낄 수 있는 시절과 새로운 세상을 선물해준 너에게 무한히 감사해. 너의 존재로 사랑과 위로를 받으며 성장하면서 성숙한 어른이 되어갈게. 엄마와 아빠를 찾아와줘서 눈물겹게 고마워. 사랑해 아들.

❀

어린 시절 한 번씩 자다 깨보면 엄마가 머리를 쓰다듬어 주고 있었던 기억이 있다. 느꼈던 감정은 분명히 간직하고 있다. 엄마가 되고 나니 또 새삼 내 엄마가 소중하다. 사랑해 엄마.

내가 너를 키우는 줄 알았는데,
네가 나를 키우고 있구나
싶기도 하다

《머릿속에 블루스크린이 떴다》 중에서

에필로그

완성을 향해 오늘도 한 걸음 내딛는다. 유한하기에 아쉬운 삶일 수도, 혹은 꽤 괜찮은 삶일 수도 있다. 기쁨과 슬픔이 적절히 어우러지고 무뎌질 수 있는 이유도 된다. 결국은 모두가 단 하나의 결말에 도달할 것이기에 행복의 의미는 그리 묘연한 것만은 아니라는 걸 눈치챘을까.

아직 하고 싶은 말이 많다. 내가 없을 때, 나를 위해 또는 나를 그릴 누군가를 위해 먼 미래에도 간직할 마음을 기록하여 하나, 또 하나 남겨두는 것이다.

모두는 자신을 위한 어떤 선물을 주고, 준비하고 있을까요. 단지 오늘과 같은 소소한 선물도 좋겠네요. 뭐든 좋아요. 당신의 마음이 좋아하는 것들이라면요.

풀어보세요, 마음입니다

초판 1쇄 발행	2023년 7월 17일
2쇄 발행	2023년 11월 30일
지 은 이	ⓒ 이은별
디 자 인	이은별, 김현성
펴 낸 곳	소라카
등록번호	제2022-000022호
이 메 일	sorakapress@naver.com

ISBN   979-11-980107-7-3 02810

이 책의 판권은 지은이에게 있습니다. 저작권법에 의해 보호를 받는 저작물이므로, 책 내용의 전부 혹은 일부를 사용하려면 동의를 받아야 합니다.

이 도서의 국립중앙도서관 출판예정도서목록(CIP)은 ISBN·ISSN·납본 시스템 홈페이지(https://www.nl.go.kr/seoji/)와 국가자료종합목록시스템(https://www.nl.go.kr/kolisnet/)을 이용하실 수 있습니다.